The Enchanted Coffee Cup: Short Stories in German for Beginners

Artici Bilingual Books

Published by Artici Bilingual Books, 2024.

While every precaution has been taken in the preparation of this book, the publisher assumes no responsibility for errors or omissions, or for damages resulting from the use of the information contained herein.

THE ENCHANTED COFFEE CUP: SHORT STORIES IN GERMAN FOR BEGINNERS

First edition. March 29, 2024.

Copyright © 2024 Artici Bilingual Books.

ISBN: 979-8224218349

Written by Artici Bilingual Books.

Table of Contents

Eine Woche Regen

Es war Montagmorgen, und der Himmel war grau und düster über der kleinen Stadt am Fluss. Die Menschen liefen mit Regenschirmen durch die Straßen und versuchten, dem ständigen Regen zu entkommen. Es schien, als würde es nie aufhören zu regnen.

In einem kleinen Haus am Rande der Stadt wohnte eine Frau namens Anna. Sie war eine ruhige und nachdenkliche Frau, die den Regen mochte. Für sie hatte der Regen etwas Beruhigendes und Friedliches.

An diesem regnerischen Montagmorgen setzte sich Anna an ihren Schreibtisch und begann zu schreiben. Sie schrieb über ihre Gedanken und Gefühle, über ihre Träume und Hoffnungen. Der Regen trommelte leise gegen das Fenster, als sie die Worte auf das Papier brachte.

Am Dienstag regnete es immer noch, aber Anna ließ sich nicht davon abhalten, das Haus zu verlassen. Sie zog sich ihren Regenmantel an und ging in den Park. Dort spazierte sie unter ihrem Regenschirm und genoss die frische Luft und die feuchte Erde unter ihren Füßen.

Am Mittwoch wurde der Regen stärker, aber Anna war nicht traurig. Sie blieb drinnen und las ein Buch, während sie sich eine Tasse Tee machte. Der Regen prasselte gegen die Fensterscheiben, aber Anna fühlte sich gemütlich und warm in ihrem Zuhause.

Am Donnerstag beschloss Anna, etwas Neues auszuprobieren. Sie nahm ihre Gitarre und begann, ein Lied zu spielen. Die sanften Klänge der Gitarre mischten sich mit dem Trommeln des Regens und füllten das Haus mit Musik.

Am Freitag regnete es noch immer, aber Anna hatte keine Angst vor dem Regen. Sie zog ihre Gummistiefel an und ging spazieren. Sie sprang über Pfützen und lachte, als der Regen ihr Gesicht berührte.

Am Samstag lud Anna ihre Freunde zu sich nach Hause ein. Sie machten es sich gemütlich, tranken Tee und unterhielten sich. Der Regen prasselte weiter gegen die Fenster, aber Anna und ihre Freunde kümmerten sich nicht darum. Sie genossen einfach die Zeit miteinander.

Am Sonntag hörte der Regen endlich auf. Die Sonne brach durch die Wolken, und ein Regenbogen erschien am Himmel. Die Menschen strömten aus ihren Häusern und lächelten, als sie die warmen Sonnenstrahlen auf ihrer Haut spürten.

Anna stand in ihrem Garten und lächelte. Es war eine Woche voller Regen gewesen, aber sie hatte jede Minute davon genossen.

It was Monday morning, and the sky was gray and gloomy over the small town by the river. People walked with umbrellas through the streets, trying to escape the constant rain. It seemed like it would never stop raining.

In a small house on the edge of town lived a woman named Anna. She was a quiet and thoughtful woman who liked the rain. For her, the rain had something calming and peaceful.

On this rainy Monday morning, Anna sat at her desk and began to write. She wrote about her thoughts and feelings, about her dreams and hopes. The rain drummed softly against the window as she put the words onto paper.

On Tuesday, it was still raining, but Anna didn't let it stop her from leaving the house. She put on her raincoat and went to the park. There she walked under her umbrella, enjoying the fresh air and the damp earth under her feet.

On Wednesday, the rain got stronger, but Anna wasn't sad. She stayed indoors and read a book while making herself a cup of tea. The rain pattered against the windows, but Anna felt cozy and warm in her home.

On Thursday, Anna decided to try something new. She took her guitar and started playing a song. The gentle sounds of the guitar mixed with the drumming of the rain and filled the house with music.

On Friday, it was still raining, but Anna wasn't afraid of the rain. She put on her rain boots and went for a walk. She jumped over puddles and laughed as the rain touched her face.

On Saturday, Anna invited her friends over to her house. They made themselves comfortable, drank tea, and talked. The rain continued to pound against the windows, but Anna and her friends didn't care. They simply enjoyed their time together.

On Sunday, the rain finally stopped. The sun broke through the clouds, and a rainbow appeared in the sky. People streamed out of their houses and smiled as they felt the warm rays of the sun on their skin.
Anna stood in her garden and smiled. It had been a week full of rain, but she had enjoyed every minute of it.

Die Reise

In einem kleinen Dorf namens Kleinhausen lebte eine Frau namens Anna. Sie führte ein einfaches Leben und verbrachte die meiste Zeit damit, sich um ihren Garten zu kümmern und für ihre Katze zu sorgen.

Eines Tages beschloss Anna, dass es an der Zeit war, etwas Neues zu erleben. Sie packte ihre Tasche und machte sich auf den Weg zum Flughafen, um eine Reise zu unternehmen.

Der Flughafen war groß und belebt, mit Menschen, die eifrig zu ihren Flugzeugen eilten. Anna war aufgeregt und ein wenig nervös, aber auch voller Vorfreude auf das Abenteuer, das vor ihr lag.

Sie ging zum Check-in-Schalter und gab ihre Tasche ab, bevor sie sich durch die Sicherheitskontrolle begab. Auf der anderen Seite wartete sie geduldig auf ihren Flug und beobachtete die Flugzeuge, die starteten und landeten.

Schließlich war es an der Zeit für Annas Flugzeug, abzuheben. Sie stieg an Bord und suchte sich einen Platz am Fenster, um die Aussicht zu genießen.

Als das Flugzeug in die Luft stieg, fühlte Anna sich frei wie ein Vogel. Sie schaute aus dem Fenster und sah die Welt unter sich vorbeiziehen. Es war ein atemberaubender Anblick, und Anna konnte nicht anders, als vor Freude zu lächeln.

Der Flug verging schnell, und bevor sie es wusste, landete das Flugzeug am Zielort. Anna stieg aus und atmete tief ein, als sie die warme Luft des neuen Ortes spürte.

Sie machte sich auf den Weg zum Gepäckband, um ihre Tasche abzuholen, und machte sich dann auf den Weg, um die Stadt zu erkunden.

Die Stadt war lebhaft und aufregend, mit bunten Straßen und vielen interessanten Geschäften und Restaurants. Anna schlenderte durch die

Straßen, ließ sich von der Musik und dem Lachen der Menschen mitreißen und genoss jeden Moment.

Sie machte Halt in einem gemütlichen Café und bestellte sich einen Kaffee und ein Stück Kuchen. Während sie dort saß und ihren Kaffee schlürfte, beobachtete sie das Treiben auf der Straße und fühlte sich glücklich und zufrieden.

Nach einer Weile beschloss Anna, weiterzuziehen und mehr von der Stadt zu erkunden. Sie besuchte Museen, Parks und historische Sehenswürdigkeiten, und jeder Ort war auf seine eigene Weise faszinierend.

Als die Sonne langsam unterging, machte sich Anna auf den Weg zurück zum Flughafen, um ihren Rückflug anzutreten. Sie war müde, aber glücklich, und voller Erinnerungen an die wundervolle Zeit, die sie in der Stadt verbracht hatte.

Am Flughafen angekommen, checkte Anna für ihren Flug ein und machte es sich in der Abflughalle gemütlich. Sie schaute aus dem Fenster und beobachtete den Sonnenuntergang, während sie auf ihr Flugzeug wartete.

Als das Flugzeug schließlich landete, fühlte Anna eine Mischung aus Traurigkeit und Dankbarkeit. Sie war traurig, die Stadt verlassen zu müssen, aber dankbar für die Erinnerungen, die sie dort gemacht hatte.

Anna stieg aus dem Flugzeug aus und machte sich auf den Heimweg. Sie fühlte sich müde, aber glücklich und erfüllt von dem Gefühl, etwas Neues erlebt und die Welt ein wenig mehr entdeckt zu haben.

Und als sie schließlich wieder zu Hause ankam und ihre Katze in den Armen hielt, wusste Anna, dass sie immer einen Teil dieser wunderbaren Reise bei sich tragen würde – egal, wohin das Leben sie als nächstes führen würde.

The Journey

In a small village called Kleinhausen lived a woman named Anna. She led a simple life, spending most of her time tending to her garden and taking care of her cat.

One day, Anna decided that it was time to experience something new. She packed her bag and headed to the airport to embark on a journey.

The airport was large and bustling, with people eagerly rushing to their planes. Anna was excited and a little nervous, but also filled with anticipation for the adventure ahead.

She went to the check-in counter and dropped off her bag before going through security. On the other side, she patiently waited for her flight, watching the planes take off and land.

Eventually, it was time for Anna's plane to take off. She boarded and found a seat by the window to enjoy the view.

As the plane took off, Anna felt as free as a bird. She looked out the window and watched the world pass beneath her. It was a breathtaking sight, and Anna couldn't help but smile with joy.

The flight passed quickly, and before she knew it, the plane landed at her destination. Anna disembarked and took a deep breath as she felt the warm air of the new place.

She made her way to the baggage claim to retrieve her bag and then set off to explore the city.

The city was lively and exciting, with colorful streets and many interesting shops and restaurants. Anna wandered through the streets, swept up in the music and laughter of the people, and enjoyed every moment.

She stopped at a cozy café and ordered herself a coffee and a slice of cake. As she sat there sipping her coffee, she watched the hustle and bustle of the street and felt happy and content.

After a while, Anna decided to move on and explore more of the city. She visited museums, parks, and historical sites, and each place was fascinating in its own way.

As the sun began to set, Anna made her way back to the airport to catch her return flight. She was tired but happy, and full of memories of the wonderful time she had spent in the city.

Arriving at the airport, Anna checked in for her flight and settled into the departure lounge. She looked out the window and watched the sunset as she waited for her plane.

When the plane finally landed, Anna felt a mixture of sadness and gratitude. She was sad to leave the city behind, but grateful for the memories she had made there.

Anna disembarked the plane and made her way home. She felt tired but happy and fulfilled with the feeling of having experienced something new and discovered a little more of the world.

And as she finally arrived back home and held her cat in her arms, Anna knew that she would always carry a part of this wonderful journey with her – no matter where life would take her next.

Der Mann mit dem Apfelbaum

In einem kleinen Dorf am Rande der Stadt lebte ein Mann namens Franz. Franz war ein einfacher Mann, der sein Leben auf einem kleinen Bauernhof verbrachte. Er hatte nicht viel, aber er war glücklich mit dem, was er hatte.

Franz besaß einen wunderschönen Apfelbaum, der in seinem Garten wuchs. Jedes Jahr im Herbst trug der Baum reichlich Früchte, die Franz dann an die Dorfbewohner verteilte. Die Äpfel waren groß und saftig und schmeckten köstlich.

Eines Tages beschloss Franz, etwas Besonderes für seinen Apfelbaum zu tun. Er beschloss, ihm jeden Tag eine Geschichte zu erzählen, während er die Äpfel pflückte. Er glaubte fest daran, dass der Baum seine Geschichten hören und sie auf irgendeine Weise verstehen konnte.

So begann Franz jeden Morgen, sobald die Sonne aufging, zum Apfelbaum zu gehen und ihm eine Geschichte zu erzählen. Er erzählte ihm von seinen Abenteuern auf dem Feld, von den Jahreszeiten des Jahres und von den Menschen im Dorf.

Der Apfelbaum schwieg und hörte Franz aufmerksam zu, während er die Äpfel pflückte. Franz fühlte sich glücklich und erfüllt, als er mit seinem täglichen Ritual begann. Er glaubte fest daran, dass der Baum seine Geschichten genoss und sie schätzte.

Eines Tages jedoch bemerkte Franz, dass der Apfelbaum nicht mehr so gesund aussah wie sonst. Seine Blätter waren welk, und seine Äste hingen schwer herunter. Besorgt lief Franz zum Dorfarzt und bat ihn, den Baum zu untersuchen.

Der Doktor untersuchte den Baum sorgfältig und schüttelte dann bedauernd den Kopf. "Es tut mir leid, Franz", sagte er. "Aber dein Baum ist krank. Ich fürchte, er wird nicht mehr lange leben."

Franz war am Boden zerstört. Er konnte es nicht ertragen, die Vorstellung zu akzeptieren, dass sein geliebter Apfelbaum sterben würde. Verzweifelt überlegte er, was er tun könnte, um ihn zu retten.

Plötzlich erinnerte sich Franz an die Geschichten, die er dem Baum erzählt hatte. Vielleicht, dachte er, könnten seine Geschichten dem Baum helfen, wieder gesund zu werden. Mit neuem Mut begann er, dem Baum noch mehr Geschichten zu erzählen, in der Hoffnung, dass sie ihm helfen würden.

Tag für Tag erzählte Franz dem Baum Geschichten von Hoffnung, Liebe und Freundschaft. Er erzählte ihm von den schönen Erinnerungen, die er mit ihm geteilt hatte, und von den Träumen, die er für ihre gemeinsame Zukunft hatte.

Und langsam begann sich etwas zu ändern. Die Blätter des Apfelbaums begannen wieder zu grünen, und seine Äste hoben sich wieder auf. Franz sah mit Freude, wie sein geliebter Baum langsam wieder zu neuem Leben erwachte.

Schließlich, als der Frühling kam, blühte der Apfelbaum wieder in voller Pracht. Seine Äste waren mit zarten Blüten bedeckt, und der süße Duft der Blumen erfüllte die Luft. Franz konnte sein Glück kaum fassen, als er sah, wie sein Baum wieder gesund und stark war.

Die Dorfbewohner kamen, um den blühenden Apfelbaum zu bewundern, und Franz erzählte ihnen stolz von seiner Geschichte. Er erzählte ihnen, wie seine Geschichten dem Baum geholfen hatten, wieder gesund zu werden, und wie wichtig es war, Hoffnung und Liebe zu teilen, sogar mit einem Baum.

Und so endet die Geschichte von Franz und seinem Apfelbaum, der durch die Kraft von Geschichten und Liebe wieder zu neuem Leben erwachte.

The Man with the Apple Tree

In a small village on the outskirts of town lived a man named Franz. Franz was a simple man who spent his life on a small farm. He didn't have much, but he was happy with what he had.

Franz owned a beautiful apple tree that grew in his garden. Every year in autumn, the tree bore plenty of fruit, which Franz then distributed to the villagers. The apples were large and juicy and tasted delicious.

One day, Franz decided to do something special for his apple tree. He decided to tell it a story every day while picking the apples. He firmly believed that the tree could hear his stories and somehow understand them.

So every morning, as soon as the sun rose, Franz went to the apple tree and told it a story. He told it about his adventures in the field, about the seasons of the year, and about the people in the village.

The apple tree remained silent and listened attentively to Franz as he picked the apples. Franz felt happy and fulfilled as he began his daily ritual. He firmly believed that the tree enjoyed his stories and appreciated them.

However, one day Franz noticed that the apple tree didn't look as healthy as usual. Its leaves were wilted, and its branches hung heavily. Concerned, Franz ran to the village doctor and asked him to examine the tree.

The doctor carefully examined the tree and then shook his head regretfully. "I'm sorry, Franz," he said. "But your tree is sick. I'm afraid it won't live much longer."

Franz was devastated. He couldn't bear the thought of his beloved apple tree dying. Desperately, he pondered what he could do to save it.

Suddenly, Franz remembered the stories he had told the tree. Perhaps, he thought, his stories could help the tree to recover. With renewed courage, he began to tell the tree even more stories, hoping that they would help.

Day after day, Franz told the tree stories of hope, love, and friendship. He told it about the beautiful memories they had shared and about the dreams he had for their future together.

And slowly, something began to change. The leaves of the apple tree started to green again, and its branches lifted up once more. Franz watched with joy as his beloved tree slowly came back to life.

Finally, when spring arrived, the apple tree bloomed again in full splendor. Its branches were covered with delicate blossoms, and the sweet scent of the flowers filled the air. Franz could hardly believe his luck as he saw his tree healthy and strong again.

The villagers came to admire the blooming apple tree, and Franz proudly told them its story. He told them how his stories had helped the tree to recover and how important it was to share hope and love, even with a tree.

And so ends the story of Franz and his apple tree, which came back to life through the power of stories and love.

Das Geheimnis des Schokoladenkuchens

In einem kleinen Dorf namens Schokoladental gab es eine Bäckerei namens "Schleckerei", die für ihre himmlischen Schokoladenkuchen bekannt war. Die Besitzerin der Bäckerei hieß Emma. Sie war eine freundliche ältere Dame mit einem Geheimnis.

Emma hatte ein besonderes Rezept für ihren Schokoladenkuchen, das sie seit vielen Jahren hütete. Es war ein Familiengeheimnis, das von Generation zu Generation weitergegeben wurde. Die Menschen im Dorf schwärmten von Emmas Kuchen und kamen von weit her, um sie zu probieren.

Eines Tages beschloss ein junger Mann namens Tim, der gerade erst in das Dorf gezogen war, die berühmten Schokoladenkuchen zu probieren. Er betrat die "Schleckerei" und wurde von dem köstlichen Duft von frisch gebackenem Kuchen begrüßt.

Emma lächelte ihn freundlich an und fragte: "Wie kann ich dir helfen, junger Mann?"

"Ich habe gehört, dass Ihre Schokoladenkuchen die besten im ganzen Land sind", sagte Tim. "Ich würde gerne einen probieren, bitte."

Emma nickte zustimmend und schnitt ihm ein großes Stück Schokoladenkuchen ab. Tim nahm einen Bissen und schloss die Augen vor Genuss. "Das ist unglaublich", sagte er begeistert. "Ich habe noch nie etwas so Leckeres gegessen."

Emma lächelte zufrieden und sagte: "Das freut mich zu hören, junger Mann. Aber lass mich dir ein kleines Geheimnis verraten: Der wahre Zauber meines Schokoladenkuchens liegt in den Zutaten."

Tim war neugierig. "Was für Zutaten verwenden Sie denn?"

Emma lächelte geheimnisvoll. "Ah, das ist mein Geheimnis. Aber wenn du möchtest, kannst du mir bei der Zubereitung meines nächsten Kuchens helfen. Vielleicht verrate ich dir dann mein Geheimnis."

Tim war begeistert von der Idee, also zog er sich eine Schürze an und half Emma in der Küche. Zusammen mischten sie Mehl, Zucker, Eier und natürlich Schokolade zu einem köstlichen Teig.

Während sie den Teig in die Kuchenform gossen, flüsterte Emma einige geheime Zaubersprüche, die den Kuchen mit besonderem Glanz erfüllten. Tim war fasziniert von den geheimnisvollen Ritualen und freute sich darauf, das Ergebnis zu probieren.

Nachdem der Kuchen gebacken und aus dem Ofen genommen worden war, schnitt Emma ein Stück ab und reichte es Tim. Er nahm einen Bissen und schloss wieder die Augen vor Genuss. "Das ist sogar noch besser als zuvor", sagte er voller Begeisterung.

Emma lächelte und sagte: "Siehst du, junger Mann? Ein wenig Magie macht alles besser."

In den folgenden Wochen wurde Tim zu einem Stammkunden der "Schleckerei". Er genoss nicht nur die köstlichen Schokoladenkuchen, sondern auch die geheimnisvolle Atmosphäre der Bäckerei.

Eines Tages, als Tim gerade einen Kuchen kaufen wollte, bemerkte er eine ungewöhnliche Szene in der Bäckerei. Emma stand hinter dem Tresen und sprach leise mit einer Maus, die auf dem Regal saß.

Verblüfft beobachtete Tim, wie Emma der Maus ein kleines Stück Schokoladenkuchen reichte. Die Maus nahm den Bissen und quietschte vor Freude. Tim konnte seinen Augen kaum trauen.

Emma bemerkte Tims erstaunten Blick und lächelte. "Oh, das ist nur meine kleine Freundin Mimi", sagte sie lächelnd. "Sie liebt Schokolade genauso sehr wie ich."

Tim lächelte verständnisvoll und kaufte seinen Kuchen. Als er die Bäckerei verließ, dachte er darüber nach, wie wunderbar und geheimnisvoll das Leben im Dorf Schokoladental war.

Und so endet die Geschichte von Emma und ihrem magischen Schokoladenkuchen, der nicht nur die Menschen im Dorf verzauberte, sondern auch eine kleine Maus namens Mimi.

The Secret of the Chocolate Cake

In a small village called Chocolate Valley, there was a bakery named "Sweet Delight," known for its heavenly chocolate cakes. The owner of the bakery was Emma. She was a friendly old lady with a secret.

Emma had a special recipe for her chocolate cake, which she had been guarding for many years. It was a family secret passed down from generation to generation. The people in the village raved about Emma's cakes and came from far and wide to try them.

One day, a young man named Tim, who had just moved to the village, decided to try the famous chocolate cakes. He entered the "Sweet Delight" bakery and was greeted by the delicious scent of freshly baked cake.

Emma smiled at him kindly and asked, "How can I help you, young man?"

"I've heard that your chocolate cakes are the best in the whole country," Tim said. "I would like to try one, please."

Emma nodded approvingly and cut him a large piece of chocolate cake. Tim took a bite and closed his eyes in delight. "This is incredible," he exclaimed. "I've never tasted anything so delicious."

Emma smiled contentedly and said, "I'm glad to hear that, young man. But let me tell you a little secret: The true magic of my chocolate cake lies in the ingredients."

Tim was curious. "What ingredients do you use?"

Emma smiled mysteriously. "Ah, that's my secret. But if you'd like, you can help me prepare my next cake. Maybe then I'll reveal my secret to you."

Tim was excited by the idea, so he put on an apron and helped Emma in the kitchen. Together, they mixed flour, sugar, eggs, and of course, chocolate, into a delicious batter.

As they poured the batter into the cake tin, Emma whispered some secret spells that filled the cake with a special glow. Tim was fascinated by the mysterious rituals and looked forward to tasting the result.

After the cake was baked and taken out of the oven, Emma cut a slice and handed it to Tim. He took a bite and closed his eyes again in delight. "This is even better than before," he said enthusiastically.

Emma smiled and said, "You see, young man? A little magic makes everything better."

In the following weeks, Tim became a regular customer of "Sweet Delight." He not only enjoyed the delicious chocolate cakes but also the mysterious atmosphere of the bakery.

One day, as Tim was about to buy a cake, he noticed an unusual scene in the bakery. Emma was standing behind the counter, quietly talking to a mouse sitting on the shelf.

Surprised, Tim watched as Emma handed the mouse a small piece of chocolate cake. The mouse took a bite and squeaked with joy. Tim could hardly believe his eyes.

Emma noticed Tim's astonished look and smiled. "Oh, that's just my little friend Mimi," she said smiling. "She loves chocolate as much as I do."

Tim smiled understandingly and bought his cake. As he left the bakery, he thought about how wonderful and mysterious life in Chocolate Valley was.

And so ends the story of Emma and her magical chocolate cake, which enchanted not only the people in the village but also a little mouse named Mimi.

Die Reise des kleinen Schmetterlings

In einem idyllischen bayerischen Dorf lebte ein kleiner Schmetterling namens Karlchen. Karlchen war nicht wie die anderen Schmetterlinge. Er war klein und unscheinbar und fühlte sich oft übersehen.

Eines Tages beschloss Karlchen, dass es an der Zeit war, die Welt außerhalb des Dorfes zu erkunden. Er sehnte sich nach Abenteuern und neuen Erfahrungen, die ihm halfen, seinen Platz in der Welt zu finden.

Mit zitternden Flügeln machte sich Karlchen auf den Weg, den bekannten Garten hinter sich lassend und hinaus in die weite Welt fliegend. Er flog über grüne Wiesen und durch dichte Wälder, immer auf der Suche nach dem, was ihn erfüllen würde.

Auf seiner Reise traf Karlchen auf viele verschiedene Tiere und erlebte spannende Abenteuer. Er begegnete einer fleißigen Biene, die ihm zeigte, wie wichtig Zusammenarbeit ist, und einem weisen Eichhörnchen, das ihm lehrte, Geduld zu haben.

Doch trotz all der Erfahrungen fühlte sich Karlchen immer noch nicht erfüllt. Er sehnte sich nach etwas, das er nicht in Worte fassen konnte, etwas, das ihm das Gefühl gab, dass er endlich angekommen war.

Eines Tages flog Karlchen über eine blühende Wiese und sah einen wunderschönen Garten in der Ferne. Die Blumen leuchteten in den schönsten Farben, und der Duft von Frühling lag in der Luft.

Neugierig flog Karlchen näher und landete schließlich auf einer prächtigen Blume. Dort traf er auf eine alte Schnecke namens Helga, die ihm von ihrer langen Reise erzählte und von all den wunderbaren Orten, die sie gesehen hatte.

Karlchen lauschte gespannt den Geschichten von Helga und spürte, wie sein Herz vor Freude klopfte. Er erkannte, dass er nicht weit reisen musste, um das Glück zu finden. Es war schon die ganze Zeit da, in den kleinen Dingen des Lebens.

Mit einem leichten Gefühl im Bauch und einem Lächeln auf den Lippen flog Karlchen zurück ins Dorf. Er fühlte sich angekommen und erfüllt, bereit, sein Leben in vollen Zügen zu genießen.

Und so endet die Geschichte von Karlchen, dem kleinen Schmetterling, der auf der Suche nach dem Glück die ganze Welt bereiste und schließlich erkannte, dass es schon die ganze Zeit in ihm war.

The Journey of the Little Butterfly

In an idyllic Bavarian village lived a small butterfly named Karlchen. Karlchen was not like the other butterflies. He was small and inconspicuous and often felt overlooked.

One day, Karlchen decided that it was time to explore the world outside the village. He longed for adventures and new experiences that would help him find his place in the world.

With trembling wings, Karlchen set off, leaving the familiar garden behind and flying out into the wide world. He flew over green meadows and through dense forests, always searching for what would fulfill him.

On his journey, Karlchen met many different animals and experienced exciting adventures. He encountered a busy bee, who showed him the importance of cooperation, and a wise squirrel, who taught him to have patience.

But despite all the experiences, Karlchen still did not feel fulfilled. He longed for something that he could not put into words, something that would make him feel like he had finally arrived.

One day, Karlchen flew over a blooming meadow and saw a beautiful garden in the distance. The flowers shone in the most beautiful colors, and the scent of spring filled the air.

Curious, Karlchen flew closer and finally landed on a magnificent flower. There, he met an old snail named Helga, who told him about her long journey and all the wonderful places she had seen.

Karlchen listened eagerly to Helga's stories and felt his heart beating with joy. He realized that he didn't have to travel far to find happiness. It had been there all along, in the small things of life.

With a light feeling in his stomach and a smile on his lips, Karlchen flew back to the village. He felt arrived and fulfilled, ready to enjoy his life to the fullest.

And so ends the story of Karlchen, the little butterfly, who traveled the whole world in search of happiness and finally realized that it had been within him all along.

Karl und ein Tag am Fluss

Es war ein warmer Sommertag in Bayern, und die Sonne stand hoch am Himmel. Der Fluss glitzerte im Licht, und die sanften Hügel ringsum waren mit üppigem Grün bedeckt. Es war ein Tag, der nach Abenteuer roch.

Karl saß am Ufer des Flusses und beobachtete gedankenverloren das glitzernde Wasser. Er war ein einfacher Mann, der sein Leben als Fischer verbrachte und die Ruhe und Schönheit der Natur liebte.

Plötzlich spürte er eine leichte Brise, die ihm ins Gesicht blies, und hörte das leise Plätschern des Wassers. Er wusste, dass es Zeit war, sein Boot ins Wasser zu lassen und auf die Jagd nach Fischen zu gehen.

Mit einem geschickten Handgriff hob er sein Boot vom Ufer und stieg hinein. Die Ruder glitten geräuschlos durch das klare Wasser, und Karl genoss die Stille und Einsamkeit des Flusses.

Stunden vergingen, während Karl geduldig auf einen Biss wartete. Die Sonne wanderte langsam über den Himmel, und die Welt schien still zu stehen. Doch dann, plötzlich, spürte er eine Bewegung an seiner Angel.

Mit einem geübten Ruck zog er die Angel ein und spürte den Widerstand des Fisches, der an der Leine zog. Es war ein großer Hecht, der um sein Leben kämpfte, doch Karl war ein erfahrener Fischer und ließ sich nicht so leicht abschütteln.

Nach einem kurzen Kampf gelang es ihm, den Hecht an Bord zu holen. Er betrachtete stolz seine Fang und spürte die Aufregung und Befriedigung, die ihn durchströmte.

Als die Sonne langsam unterging und der Himmel sich in ein warmes Orange färbte, ruderte Karl zurück ans Ufer. Er trug seinen Fang stolz in den Händen und fühlte sich lebendiger und freier als je zuvor.

Am Ufer wartete bereits seine Frau Maria, die ihn lächelnd empfing. Gemeinsam trugen sie den Hecht nach Hause, wo Maria bereits den

Grill vorbereitet hatte. Sie genossen das Abendessen in der warmen Abendsonne und schwiegen oft, da sie in der Stille der Natur eine tiefe Verbundenheit verspürten.

Nach dem Essen saßen sie noch lange am Ufer des Flusses und betrachteten den glitzernden Sternenhimmel über sich. Sie sprachen nicht viel, doch ihre Anwesenheit allein genügte, um sich vollkommen und erfüllt zu fühlen.

Karl and A Day by the River

It was a warm summer day in Bavaria, and the sun was high in the sky. The river sparkled in the light, and the gentle hills around were covered with lush greenery. It was a day that smelled of adventure.

Karl sat by the riverbank, lost in thought, watching the shimmering water. He was a simple man who spent his life as a fisherman, loving the peace and beauty of nature.

Suddenly, he felt a gentle breeze blowing on his face and heard the soft splashing of the water. He knew it was time to launch his boat into the water and go fishing.

With a skilled hand, he lifted his boat from the shore and climbed in. The oars glided silently through the clear water, and Karl enjoyed the silence and solitude of the river.

Hours passed as Karl patiently waited for a bite. The sun slowly moved across the sky, and the world seemed to stand still. But then, suddenly, he felt movement on his fishing line.

With a practiced tug, he reeled in the fishing line and felt the resistance of the fish pulling on it. It was a big pike, fighting for its life, but Karl was an experienced fisherman and wasn't easily shaken off.

After a short struggle, he managed to haul the pike on board. He proudly looked at his catch and felt the excitement and satisfaction coursing through him.

As the sun slowly set and the sky turned into a warm orange, Karl rowed back to shore. He carried his catch proudly in his hands, feeling more alive and free than ever before.

Waiting for him on the shore was his wife Maria, who greeted him with a smile. Together, they carried the pike home, where Maria had already prepared the grill. They enjoyed dinner in the warm evening sun and often fell silent, feeling a deep connection in the quiet of nature.

After dinner, they sat by the riverbank for a long time, gazing at the glittering starry sky above them. They didn't speak much, but their presence alone was enough to feel completely fulfilled and content.

Die einsame Brücke

Es war ein warmer Sommerabend in einer kleinen Stadt am Fluss. Die Sonne neigte sich langsam dem Horizont zu, und die goldenen Strahlen tauchten die Landschaft in ein sanftes Licht. An der alten, steinernen Brücke stand ein Mann namens Max. Er war ein einsamer Angler, der jeden Abend hierher kam, um in Ruhe seine Angel auszuwerfen.

Max liebte die Stille des Abends und das sanfte Plätschern des Flusses. Doch an diesem Abend fühlte er sich seltsam unruhig. Er hatte das Gefühl, dass etwas in der Luft lag, etwas, das er nicht ganz greifen konnte.

Während er seine Angel ins Wasser warf, sah er eine Frau am anderen Ende der Brücke stehen. Sie trug ein einfaches, aber elegantes Kleid und hatte lange, dunkle Haare, die im Wind wehten. Sie schien genauso einsam und verloren zu sein wie er.

Max beschloss, zu ihr hinüberzugehen. Als er näher kam, sah er, dass sie Tränen in den Augen hatte. "Was ist los?", fragte er besorgt.

Die Frau sah ihn überrascht an, aber dann lächelte sie schwach. "Es tut mir leid", sagte sie leise. "Es ist nur... mein Mann ist vor einem Jahr gestorben, und ich vermisse ihn so sehr. Jeden Abend komme ich hierher und erinnere mich an die schönen Zeiten, die wir zusammen verbracht haben."

Max fühlte Mitgefühl für die Frau. Auch er hatte geliebte Menschen verloren und wusste, wie schmerzhaft der Verlust sein konnte. Er setzte sich neben sie auf die Brüstung der Brücke und sagte: "Ich verstehe. Der Verlust eines geliebten Menschen ist nie einfach. Aber manchmal kann die Erinnerung an die guten Zeiten uns Trost spenden."

Die Frau lächelte dankbar und begann, Max von ihrem Mann zu erzählen. Sie sprach von den Abenden, die sie gemeinsam am Fluss verbracht hatten, von den Spaziergängen durch die Felder und von den warmen Umarmungen unter dem Sternenhimmel.

Max hörte aufmerksam zu, während die Sonne langsam hinter den Hügeln verschwand und der Himmel in warmen Farben leuchtete. Die Atmosphäre war friedlich und tröstlich, und die beiden fühlten sich einander näher, obwohl sie sich gerade erst getroffen hatten.

Als die Nacht hereinbrach und der Mond am Himmel aufging, standen Max und die Frau von der Brücke auf. Sie umarmten sich kurz und wünschten sich gegenseitig alles Gute.

"Danke", sagte die Frau lächelnd. "Danke, dass du zugehört hast und mir Gesellschaft geleistet hast. Es hat mir wirklich geholfen."

Max lächelte zurück. "Gern geschehen. Manchmal brauchen wir einfach jemanden, der uns zuhört und versteht."

Die beiden gingen in entgegengesetzte Richtungen davon, aber in ihren Herzen trugen sie die Erinnerung an diesen besonderen Abend an der einsamen Brücke.

The Lonely Bridge

It was a warm summer evening in a small town by the river. The sun was slowly setting on the horizon, and its golden rays bathed the landscape in a gentle light. At the old stone bridge stood a man named Max. He was a solitary fisherman who came here every evening to quietly cast his line.

Max loved the silence of the evening and the gentle splashing of the river. But this evening, he felt strangely restless. He had a feeling that something was in the air, something he couldn't quite grasp.

As he cast his line into the water, he saw a woman standing at the other end of the bridge. She wore a simple yet elegant dress and had long dark hair blowing in the wind. She seemed as lonely and lost as he felt.

Max decided to approach her. As he got closer, he saw tears in her eyes. "What's wrong?" he asked, concerned.

The woman looked at him surprised, but then she smiled weakly. "I'm sorry," she said softly. "It's just... my husband passed away a year ago, and I miss him so much. Every evening, I come here and remember the beautiful times we spent together."

Max felt sympathy for the woman. He too had lost loved ones and knew how painful it could be. He sat down beside her on the bridge railing and said, "I understand. The loss of a loved one is never easy. But sometimes, the memory of the good times can bring us comfort."

The woman smiled gratefully and began to tell Max about her husband. She spoke of the evenings they had spent by the river, of walks through the fields, and of warm embraces under the starry sky.

Max listened attentively as the sun slowly disappeared behind the hills and the sky glowed with warm colors. The atmosphere was peaceful and comforting, and the two felt closer to each other, even though they had just met.

As night fell and the moon rose in the sky, Max and the woman stood up from the bridge. They hugged briefly and wished each other well.

"Thank you," the woman said, smiling. "Thank you for listening and keeping me company. It really helped me."

Max smiled back. "You're welcome. Sometimes, we just need someone to listen and understand."

The two walked away in opposite directions, but in their hearts, they carried the memory of this special evening on the lonely bridge.

Die verzauberte Kaffeetasse

Es war einmal eine kleine Konditorei namens "Zuckersüß", die für ihre köstlichen Kuchen und Torten bekannt war. In dieser Konditorei arbeitete eine junge Frau namens Marie. Sie war leidenschaftlich gerne Konditorin und verbrachte ihre Tage damit, die leckersten Leckereien zu backen.

Eines Tages, als Marie in der Küche arbeitete, fiel ihr Blick auf eine alte, verstaubte Kaffeetasse, die ganz hinten im Regal stand. Sie hob die Tasse auf und bemerkte, dass sie mit einem wunderschönen Muster verziert war. "Wie schade, dass diese Tasse hier vergessen wurde", dachte Marie bei sich.

Entschlossen, der Tasse neues Leben einzuhauchen, nahm Marie sie mit nach Hause und begann, sie zu reinigen. Als sie die Tasse abspülte, spürte sie plötzlich einen leichten Schwindel und hörte ein leises Kichern in der Luft. Verwirrt schaute sie sich um, konnte aber niemanden sehen.

Marie schüttelte den Kopf und dachte, sie hätte sich das nur eingebildet. Doch als sie die Tasse zum ersten Mal mit Kaffee füllte und daraus trank, geschah etwas Unerwartetes. Plötzlich fühlte sie sich leicht und fröhlich, als ob all ihre Sorgen und Probleme verschwunden wären.

Verblüfft stellte Marie fest, dass die Kaffeetasse sie glücklich machte. Sie beschloss, sie jeden Tag zu benutzen, und merkte bald, dass ihre Backkreationen noch köstlicher wurden, wenn sie aus der verzauberten Tasse trank.

Eines Tages kam ein junger Mann namens Max in die Konditorei. Er war auf der Suche nach einem Geburtstagskuchen für seine Mutter und ließ sich von Maries Empfehlungen inspirieren. Als er seinen Kuchen wählte, bemerkte er die verzierte Kaffeetasse auf dem Regal.

"Die ist wunderschön", sagte er bewundernd.

Marie lächelte und erzählte ihm die Geschichte der Tasse. Max war fasziniert und bat Marie, ihm eine Tasse Kaffee daraus zu servieren.

Als er den ersten Schluck trank, fühlte auch Max die magische Wirkung der Tasse. Sein Gesicht hellte sich auf, und er lächelte glücklich. "Das ist unglaublich", sagte er begeistert. "Ich habe mich schon lange nicht mehr so gut gefühlt."

Marie lächelte zufrieden. Es machte sie glücklich zu sehen, wie die verzauberte Kaffeetasse auch anderen Menschen Freude bereitete.

In den folgenden Wochen wurde die Konditorei "Zuckersüß" zu einem beliebten Treffpunkt für Menschen, die die verzauberte Kaffeetasse kennenlernen wollten. Jeder, der aus ihr trank, fühlte sich sofort glücklicher und entspannter.

Eines Tages jedoch, als Marie die Tasse aus dem Regal nahm, um Kaffee einzuschenken, bemerkte sie, dass sie zerbrochen war. Ihr Herz sank bei dem Anblick, denn sie wusste, dass die magische Wirkung der Tasse verloren gegangen war.

Traurig entsorgte Marie die Tasse und setzte sich an den Tisch, um über ihre verlorenen Glücksbringer nachzudenken. Doch plötzlich hörte sie ein leises Kichern in der Luft und spürte eine sanfte Berührung auf ihrer Schulter.

Verwundert drehte sie sich um und sah eine kleine Fee vor sich stehen. Die Fee lächelte Marie an und sagte: "Danke, dass du mir geholfen hast, meine Aufgabe zu erfüllen. Die verzauberte Kaffeetasse hat vielen Menschen Freude gebracht, und dafür bin ich dir sehr dankbar."

Marie war sprachlos vor Staunen. Sie konnte kaum glauben, dass sie gerade einer echten Fee gegenüberstand. Die Fee lächelte erneut und flatterte dann davon, in Richtung der untergehenden Sonne.

Als Marie am nächsten Tag wieder in der Konditorei arbeitete, bemerkte sie etwas Seltsames. Trotz des Verlustes der verzauberten Kaffeetasse fühlte sie sich immer noch glücklich und erfüllt. Sie wusste, dass wahres Glück nicht von äußeren Dingen abhängig war, sondern von der Freude, die man im Herzen trug.

The Enchanted Coffee Cup

Once upon a time, there was a small bakery called "Sugar Sweet," known for its delicious cakes and pastries. In this bakery worked a young woman named Marie. A young woman named Marie worked in this pastry shop. She was passionate about pastry making and spent her days baking the most delicious treats.

One day, as Marie was working in the kitchen, her eyes fell upon an old, dusty coffee cup sitting at the back of the shelf. She picked up the cup and noticed it was adorned with a beautiful pattern. "What a shame that this cup was forgotten here," Marie thought to herself.

Determined to breathe new life into the cup, Marie took it home and began to clean it. As she rinsed the cup, she suddenly felt a slight dizziness and heard a faint giggle in the air. Confused, she looked around but couldn't see anyone.

Marie shook her head, thinking she had imagined it. However, as she filled the cup with coffee for the first time and took a sip, something unexpected happened. Suddenly, she felt light and cheerful, as if all her worries and troubles had disappeared.

Amazed, Marie realized that the coffee cup made her happy. She decided to use it every day and soon noticed that her baking creations became even more delicious when she drank from the enchanted cup.

One day, a young man named Max came into the bakery. He was looking for a birthday cake for his mother and was inspired by Marie's recommendations. As he chose his cake, he noticed the decorated coffee cup on the shelf.

"That's beautiful," he said admiringly.

Marie smiled and told him the story of the cup. Max was fascinated and asked Marie to serve him a cup of coffee from it.

As he took the first sip, Max also felt the magical effect of the cup. His face lit up, and he smiled happily. "This is incredible," he exclaimed. "I haven't felt this good in a long time."

Marie smiled contentedly. It made her happy to see how the enchanted coffee cup brought joy to other people too.

In the following weeks, "Sugar Sweet" bakery became a popular meeting place for people who wanted to experience the enchanted coffee cup. Everyone who drank from it immediately felt happier and more relaxed. However, one day as Marie took the cup from the shelf to pour coffee, she noticed it was broken. Her heart sank at the sight because she knew the magical effect of the cup had been lost.

Sadly, Marie disposed of the cup and sat down at the table to contemplate her lost talisman of happiness. But suddenly, she heard a faint giggle in the air and felt a gentle touch on her shoulder.

Surprised, she turned around and saw a small fairy standing before her. The fairy smiled at Marie and said, "Thank you for helping me fulfill my mission. The enchanted coffee cup brought joy to many people, and for that, I am very grateful to you."

Marie was speechless with amazement. She could hardly believe she was facing a real fairy. The fairy smiled again and then fluttered away toward the setting sun.

The next day, as Marie worked again in the bakery, she noticed something strange. Despite losing the enchanted coffee cup, she still felt happy and fulfilled. She knew that true happiness was not dependent on external things but on the joy one carried in their heart.

Der Schmetterling

In einem kleinen Dorf am Rande eines dichten Waldes lebte ein junger Mann namens Lukas. Lukas war ein Träumer, der sich oft in seine eigenen Gedanken und Fantasien verlor. Er verbrachte seine Tage damit, durch die Wälder zu wandern und über die Wunder der Natur nachzudenken.

Eines Tages, als Lukas durch den Wald spazierte, sah er einen wunderschönen Schmetterling, der elegant zwischen den Bäumen hin und her flog. Fasziniert von seiner Anmut und Schönheit, folgte Lukas dem Schmetterling, während er durch den Wald tanzte.

Der Schmetterling führte Lukas zu einer Lichtung mitten im Wald, wo sich eine Bank befand. Lukas setzte sich und beobachtete den Schmetterling, wie er um ihn herumflatterte. Er spürte eine tiefe Ruhe und Gelassenheit, die er lange nicht mehr erlebt hatte.

Plötzlich sprach der Schmetterling mit einer sanften Stimme. "Warum wanderst du durch den Wald, junger Mann?" fragte er neugierig.

Lukas war überrascht, dass der Schmetterling sprechen konnte, aber er antwortete ruhig: "Ich suche nach Antworten auf meine Fragen und nach einem Sinn in meinem Leben."

Der Schmetterling nickte verständnisvoll. "Das ist eine noble Suche, junger Mann. Aber manchmal sind die Antworten nicht im Äußeren, sondern im Inneren zu finden."

Lukas dachte über die Worte des Schmetterlings nach und fragte: "Aber wie finde ich die Antworten in mir selbst?"

Der Schmetterling lächelte und flatterte näher zu Lukas heran. "Indem du auf dein Herz hörst und deinen Träumen folgst", antwortete er. "Jeder von uns trägt die Antworten auf seine Fragen tief in seinem Inneren. Man muss nur lernen, ihnen zu vertrauen."

Lukas spürte, wie eine tiefe Gewissheit in ihm aufstieg. Er verstand nun, dass er die Antworten, nach denen er suchte, bereits in sich trug. Alles, was er tun musste, war, seinen Träumen zu folgen und auf sein Herz zu hören.

Dankbar für die Weisheit des Schmetterlings stand Lukas auf und verabschiedete sich. "Danke, dass du mir geholfen hast, die Antworten zu finden, die ich gesucht habe", sagte er lächelnd.

Der Schmetterling lächelte zurück und flatterte davon, in den Himmel hinauf. Lukas blieb allein auf der Lichtung zurück, aber er fühlte sich nicht mehr verloren oder unsicher. Er wusste, dass er seinen Weg finden würde, solange er seinen Träumen folgte und auf sein Herz hörte.

The Butterfly

In a small village on the edge of a dense forest lived a young man named Lukas. Lukas was a dreamer who often lost himself in his own thoughts and fantasies. He spent his days wandering through the woods, pondering the wonders of nature.

One day, as Lukas walked through the forest, he saw a beautiful butterfly gracefully flitting among the trees. Fascinated by its grace and beauty, Lukas followed the butterfly as it danced through the forest.

The butterfly led Lukas to a clearing in the middle of the woods where a bench was placed. Lukas sat down and watched the butterfly fluttering around him. He felt a deep peace and serenity that he hadn't experienced in a long time.

Suddenly, the butterfly spoke with a gentle voice. "Why do you wander through the forest, young man?" it asked curiously.

Lukas was surprised that the butterfly could speak, but he replied calmly, "I am searching for answers to my questions and for meaning in my life."

The butterfly nodded understandingly. "That is a noble quest, young man. But sometimes, the answers are not found in the external, but in the internal."

Lukas pondered the butterfly's words and asked, "But how do I find the answers within myself?"

The butterfly smiled and fluttered closer to Lukas. "By listening to your heart and following your dreams," it replied. "Each of us carries the answers to our questions deep within ourselves. One just needs to learn to trust them."

Lukas felt a deep certainty rising within him. He now understood that the answers he sought were already within him. All he had to do was to follow his dreams and listen to his heart.

Grateful for the wisdom of the butterfly, Lukas stood up and bid farewell. "Thank you for helping me find the answers I was seeking," he said with a smile.

The butterfly smiled back and fluttered away into the sky. Lukas remained alone in the clearing, but he no longer felt lost or uncertain. He knew that he would find his way as long as he followed his dreams and listened to his heart.

Der verzauberte Garten

In einem kleinen Dorf lebte eine alte Frau namens Anna. Sie war bekannt für ihren grünen Daumen und ihren zauberhaften Garten. Jeden Morgen ging Anna hinaus und pflegte liebevoll ihre Blumen und Pflanzen. Doch eines Tages bemerkte sie etwas Seltsames: Einige ihrer Blumen begannen zu welken, und die Früchte an den Bäumen wurden klein und sauer.

Anna war besorgt und beschloss, den alten Gärtner des Dorfes um Rat zu fragen. Der alte Gärtner hörte sich Annas Sorgen an und sagte: "Es scheint, als ob dein Garten von einem bösen Zauber belegt wurde. Aber keine Sorge, ich kenne jemanden, der uns helfen kann."

Gemeinsam gingen Anna und der alte Gärtner zu einer kleinen Hütte am Rande des Dorfes. Dort lebte eine weise Frau namens Clara, die für ihre magischen Kräfte bekannt war. Als Anna ihr von ihrem verwunschenen Garten erzählte, nickte Clara verständnisvoll und sagte: "Ich werde einen Zaubertrank brauen, der den bösen Zauber brechen kann. Aber dafür brauche ich etwas ganz Besonderes: den Samen einer Sternenblume."

Anna und der alte Gärtner sahen sich ratlos an. "Wo finden wir einen Samen einer Sternenblume?", fragte Anna.

Clara lächelte geheimnisvoll. "Es gibt nur einen Ort, an dem diese Blume wächst: auf dem Gipfel des Berges hinter dem Dorf. Aber der Weg dorthin ist gefährlich und voller Hindernisse."

Trotz der Gefahren beschlossen Anna und der alte Gärtner, sich auf die Suche nach dem Samen der Sternenblume zu machen. Sie machten sich früh am nächsten Morgen auf den Weg und wanderten den steilen Pfad hinauf, vorbei an rauschenden Bächen und dichten Wäldern.

Nach einem langen und beschwerlichen Aufstieg erreichten sie endlich den Gipfel des Berges. Dort, inmitten von glitzerndem Schnee, entdeckten sie die Sternenblume, die in voller Pracht erblühte. Anna zögerte nicht und pflückte vorsichtig einen Samen aus der Blume.

Doch plötzlich erschien eine dunkle Gestalt aus den Schatten und versperrte ihnen den Weg. Es war eine Hexe, die den Berg bewachte und nicht wollte, dass jemand ihre Blumen stahl.

Anna hielt den Samen fest in ihrer Hand und sagte mutig: "Wir brauchen diesen Samen, um den bösen Zauber in meinem Garten zu brechen. Bitte lass uns passieren."

Die Hexe betrachtete Anna und den alten Gärtner lange und sagte schließlich: "Ihr seid mutig und euer Herz ist rein. Nehmt den Samen und kehrt in euer Dorf zurück. Möge euer Garten wieder erblühen."

Mit dem Samen der Sternenblume kehrten Anna und der alte Gärtner triumphierend ins Dorf zurück. Clara nahm den Samen und braute einen mächtigen Zaubertrank, der den bösen Zauber im Garten brechen sollte.

Als sie den Zaubertrank über die Blumen und Pflanzen goss, geschah etwas Wunderbares: Die welken Blumen erblühten in leuchtenden Farben, und die Früchte an den Bäumen wurden groß und süß. Der Garten von Anna war gerettet.

The Enchanted Garden

In a small village lived an old woman named Anna. She was known for her green thumb and her enchanting garden. Every morning, Anna went out and lovingly tended to her flowers and plants. But one day, she noticed something strange: Some of her flowers began to wilt, and the fruits on the trees became small and sour.

Anna was worried and decided to ask the old gardener of the village for advice. The old gardener listened to Anna's concerns and said, "It seems like your garden has been cursed. But don't worry, I know someone who can help us."

Together, Anna and the old gardener went to a small cottage on the edge of the village. There lived a wise woman named Clara, who was known for her magical powers. When Anna told her about her enchanted garden, Clara nodded understandingly and said, "I will brew a potion that can break the evil spell. But for that, I need something very special: the seed of a starflower."

Anna and the old gardener looked at each other puzzled. "Where can we find the seed of a starflower?" Anna asked.

Clara smiled mysteriously. "There is only one place where this flower grows: on the summit of the mountain behind the village. But the path there is dangerous and full of obstacles."

Despite the dangers, Anna and the old gardener decided to search for the seed of the starflower. They set out early the next morning and hiked up the steep path, past rushing streams and dense forests.

After a long and arduous climb, they finally reached the summit of the mountain. There, amidst shimmering snow, they discovered the starflower, blooming in full splendor. Anna didn't hesitate and carefully plucked a seed from the flower.

But suddenly, a dark figure emerged from the shadows and blocked their way. It was a witch, who guarded the mountain and didn't want anyone to steal her flowers.

Anna held the seed tightly in her hand and said bravely, "We need this seed to break the evil spell in my garden. Please let us pass."

The witch looked at Anna and the old gardener for a long time and finally said, "You are brave and your hearts are pure. Take the seed and return to your village. May your garden bloom again."

With the seed of the starflower, Anna and the old gardener triumphantly returned to the village. Clara took the seed and brewed a powerful potion that was supposed to break the evil spell in the garden.

As she poured the potion over the flowers and plants, something wonderful happened: The withered flowers bloomed in bright colors, and the fruits on the trees grew large and sweet. Anna's garden was saved.

Der Elefant im Garten

In einem kleinen Dorf in Afrika lebte ein junger Mann namens Amadou. Er war ein einfacher Gärtner, der sein Leben damit verbrachte, sich um die Pflanzen und Blumen in einem großen Garten zu kümmern. Amadou liebte die Natur und die Tiere, die dort lebten.

Eines Tages, als Amadou im Garten arbeitete, hörte er plötzlich ein lautes Geräusch. Er sah sich um und konnte es kaum glauben: Ein Elefant stand vor ihm im Garten!

Der Elefant war groß und majestätisch, mit grauer Haut und riesigen Ohren. Er sah Amadou neugierig an und trompetete laut, als ob er sich begrüßen würde.

Amadou war überrascht, aber er hatte keine Angst. Er wusste, dass Elefanten friedliche Tiere waren, solange man sie nicht ärgerte. Vorsichtig trat er auf den Elefanten zu und streckte die Hand aus, um ihn zu berühren.

Der Elefant ließ Amadou freundlich seine dicke Rüsselspitze berühren und schien ihn zu mögen. Amadou lächelte und spürte eine tiefe Verbindung zu dem mächtigen Tier.

Amadou beschloss, den Elefanten in seinem Garten zu behalten. Er nannte ihn Tembo, was auf Swahili "Elefant" bedeutet. Tembo war glücklich im Garten und half Amadou sogar, die Pflanzen zu gießen und Unkraut zu jäten.

Die Dorfbewohner waren überrascht, als sie von dem Elefanten im Garten hörten. Einige hatten Angst, aber die meisten waren neugierig und kamen, um Tembo zu sehen. Sie fanden ihn faszinierend und bewunderten seine Größe und Schönheit.

Eines Tages jedoch geschah etwas Unerwartetes. Ein wilder Löwe aus dem nahegelegenen Nationalpark kam in das Dorf und begann, Unruhe zu stiften. Die Menschen hatten Angst und wussten nicht, wie sie mit dem gefährlichen Tier umgehen sollten.

Amadou wusste, dass er etwas unternehmen musste, um das Dorf zu schützen. Er rief Tembo zu sich und erklärte ihm die Situation. "Wir müssen den Löwen vertreiben, Tembo", sagte er ernst. "Kannst du uns helfen?"

Tembo trompetete zustimmend und folgte Amadou zum Rand des Dorfes, wo der Löwe sein Unwesen trieb. Die Dorfbewohner beobachteten gespannt, als Amadou und Tembo dem Löwen entgegentraten.

Der Löwe brüllte bedrohlich und zeigte seine scharfen Zähne. Aber Tembo ließ sich nicht einschüchtern. Mit einem lauten Trompeten stürmte er auf den Löwen zu und jagte ihn in die Flucht.

Und so endet die Geschichte von Amadou und seinem Elefanten Tembo, der durch seine Tapferkeit und seinen Mut zum Retter des Dorfes wurde.

The Elephant in the Garden

In a small village in Africa lived a young man named Amadou. He was a simple gardener who spent his life tending to the plants and flowers in a large garden. Amadou loved nature and the animals that lived there.

One day, as Amadou was working in the garden, he suddenly heard a loud noise. He looked around and could hardly believe it: an elephant stood before him in the garden!

The elephant was large and majestic, with gray skin and huge ears. He looked at Amadou curiously and trumpeted loudly as if greeting him.

Amadou was surprised, but he wasn't afraid. He knew that elephants were peaceful animals as long as they weren't provoked. Carefully, he approached the elephant and reached out his hand to touch it.

The elephant allowed Amadou to touch its thick trunk and seemed to like him. Amadou smiled and felt a deep connection to the mighty animal.

Amadou decided to keep the elephant in his garden. He named him Tembo, which means "elephant" in Swahili. Tembo was happy in the garden and even helped Amadou water the plants and weed.

The villagers were surprised when they heard about the elephant in the garden. Some were afraid, but most were curious and came to see Tembo. They found him fascinating and admired his size and beauty.

However, one day something unexpected happened. A wild lion from the nearby national park came into the village and began to cause trouble. The people were scared and didn't know how to deal with the dangerous animal.

Amadou knew he had to do something to protect the village. He called Tembo to him and explained the situation. "We need to drive away the lion, Tembo," he said seriously. "Can you help us?"

Tembo trumpeted in agreement and followed Amadou to the edge of the village where the lion was causing trouble. The villagers watched eagerly as Amadou and Tembo confronted the lion.

The lion roared menacingly and showed its sharp teeth. But Tembo wasn't intimidated. With a loud trumpet, he charged at the lion and chased it away.

And so ends the story of Amadou and his elephant Tembo, who became the savior of the village through his bravery and courage.

Die Melodie

In einem kleinen Fischerdorf am Ufer des Meeres lebte ein alter Mann namens Hans. Er war ein einfacher Fischer, der sein ganzes Leben lang auf dem Meer verbracht hatte. Jeden Morgen vor Sonnenaufgang fuhr er hinaus, um sein Glück zu versuchen und Fische zu fangen.

Eines Tages, als Hans auf dem Meer war, hörte er eine wunderschöne Melodie. Es war, als ob das Meer selbst zu singen begann, eine sanfte und beruhigende Musik, die sein Herz berührte. Hans hielt inne und lauschte dem Lied, das von den Wellen getragen wurde.

Die Melodie begleitete ihn auf seinem Weg, während er die Netze auswarf und auf den Fang wartete. Es war, als ob die Fische selbst von der Musik angezogen wurden, denn bald hatte Hans mehr Fische in seinen Netzen als je zuvor.

Als die Sonne langsam hinter dem Horizont verschwand und der Tag zu Ende ging, kehrte Hans mit einem vollen Fang zurück zum Hafen. Die anderen Fischer waren erstaunt über die Menge an Fischen, die er gefangen hatte, und fragten ihn nach seinem Geheimnis.

Hans lächelte geheimnisvoll und sagte: "Es war die Melodie des Meeres, die mir geholfen hat. Sie hat mir Glück gebracht und die Fische zu mir geführt."

Die anderen Fischer schüttelten ungläubig den Kopf, doch Hans blieb bei seiner Geschichte. Von diesem Tag an begannen die Fischer im Dorf, auf das Meer hinauszufahren und nach der geheimnisvollen Melodie zu suchen, doch niemand konnte sie hören außer Hans.

Mit jedem Tag, den Hans auf dem Meer verbrachte, wurde die Melodie intensiver und schöner. Sie begleitete ihn auf seinen Reisen, ließ ihn die Stürme überstehen und brachte ihm Glück und Erfolg.

Eines Abends, als Hans am Ufer saß und den Sonnenuntergang beobachtete, hörte er plötzlich eine Stimme hinter sich. Er drehte sich um und sah eine junge Frau, die am Strand stand und ein Lied sang.

Die Stimme der Frau war so klar und rein wie das Wasser des Meeres, und ihre Melodie verschmolz mit der Melodie des Meeres zu einem wundervollen Duett. Hans saß da und lauschte gebannt der Musik, die seine Seele berührte.

Als die Frau geendet hatte, stand Hans auf und ging zu ihr. "Deine Stimme ist so schön wie die Melodie des Meeres", sagte er. "Wer bist du?"

Die Frau lächelte und antwortete: "Mein Name ist Anna, und ich bin eine Sängerin. Ich habe das Meer schon immer geliebt und wollte ihm meine Musik schenken."

Hans lächelte und sagte: "Du hast dem Meer eine wundervolle Gabe gegeben. Deine Melodie hat mein Herz berührt und mir Glück gebracht."

Von diesem Tag an segelten Hans und Anna gemeinsam auf dem Meer. Hans fuhr sein Boot, während Anna sang und ihre Melodie das Meer erfüllte.

The Melody

In a small fishing village on the shore of the sea lived an old man named Hans. He was a simple fisherman who had spent his whole life at sea. Every morning before sunrise, he went out to try his luck and catch fish. One day, as Hans was out at sea, he heard a beautiful melody. It was as if the sea itself began to sing, a gentle and soothing music that touched his heart. Hans paused and listened to the song carried by the waves.

The melody accompanied him on his journey as he cast out his nets and waited for the catch. It was as if the fish themselves were drawn to the music, for soon Hans had more fish in his nets than ever before.

As the sun slowly disappeared behind the horizon and the day came to an end, Hans returned to the harbor with a full catch. The other fishermen were amazed at the amount of fish he had caught and asked him for his secret.

Hans smiled mysteriously and said, "It was the melody of the sea that helped me. It brought me luck and led the fish to me."

The other fishermen shook their heads incredulously, but Hans stuck to his story. From that day on, the fishermen in the village began to venture out to sea in search of the mysterious melody, but no one could hear it except Hans.

With each day Hans spent at sea, the melody became more intense and beautiful. It accompanied him on his journeys, helped him weather the storms, and brought him luck and success.

One evening, as Hans sat on the shore watching the sunset, he suddenly heard a voice behind him. He turned around and saw a young woman standing on the beach singing a song.

The woman's voice was as clear and pure as the water of the sea, and her melody merged with the melody of the sea into a wonderful duet. Hans sat there, captivated, listening to the music that touched his soul.

When the woman finished, Hans stood up and approached her. "Your voice is as beautiful as the melody of the sea," he said. "Who are you?"

The woman smiled and replied, "My name is Anna, and I am a singer. I have always loved the sea and wanted to give it my music."

Hans smiled and said, "You have given the sea a wonderful gift. Your melody has touched my heart and brought me luck."

From that day on, Hans and Anna sailed together on the sea. Hans sailed his boat while Anna sang, and her melody filled the sea.

Die verlorene Karte

In einem kleinen Dorf tief in den Bergen lebte ein Mann namens Markus. Er war ein einfacher Holzfäller, der sein Leben damit verbrachte, Bäume zu fällen und Holz zu sammeln. Eines Tages, als er in den Wäldern arbeitete, stieß er auf etwas Unerwartetes: eine alte, vergilbte Landkarte.

Die Karte war in einem Zustand der Verwüstung, mit Rissen und Flecken, aber Markus konnte immer noch die groben Umrisse erkennen. Sie zeigte einen Pfad durch die Berge zu einem verborgenen Tal, von dem Markus nie zuvor gehört hatte.

Sein Herz pochte vor Aufregung, als er die Karte genauer betrachtete. Vielleicht verbarg sich in diesem Tal ein Schatz oder ein verlorenes Geheimnis. Markus beschloss, das Dorf zu verlassen und das Tal auf eigene Faust zu erkunden.

Mit der Karte als Führer machte sich Markus auf den Weg durch die wilden und unberührten Wälder. Er wanderte über steinige Pfade und durch dichte Unterholz, immer tiefer in die Berge hinein.

Nach vielen Stunden des Wanderns erreichte Markus endlich das verborgene Tal. Es war ein Ort von atemberaubender Schönheit, mit grünen Wiesen, klaren Bächen und majestätischen Bergen, die den Himmel berührten.

Doch etwas stimmte nicht. Obwohl die Karte ihm den Weg hierher gezeigt hatte, konnte Markus keinen Hinweis auf einen Schatz oder ein Geheimnis finden. Enttäuscht setzte er sich auf einen Felsen und überlegte, was er tun sollte.

Plötzlich hörte er ein Geräusch hinter sich. Er drehte sich um und sah einen alten Mann, der aus dem Wald trat. Der Mann trug zerfetzte Kleidung und hatte einen müden, aber freundlichen Blick.

"Was führt dich in dieses Tal, mein Sohn?", fragte der alte Mann mit einer tiefen, rauen Stimme.

Markus zeigte ihm die Landkarte und erklärte seine Suche nach einem Schatz oder einem Geheimnis. Der alte Mann lächelte und sagte: "Es gibt keinen Schatz hier, aber dieses Tal birgt den größten Reichtum von allen: die Schönheit der Natur und die Ruhe der Berge."

Markus war verwirrt. Er hatte gehofft, auf etwas Wertvolles zu stoßen, aber jetzt schien seine Suche umsonst gewesen zu sein. Er betrachtete die zerfledderte Karte in seinen Händen und seufzte.

Der alte Mann sah das und sagte: "Aber vielleicht ist die Karte doch nicht so nutzlos, wie sie aussieht. Sie hat dich hierher geführt, nicht wahr? Vielleicht hat sie einen anderen Zweck, den du noch nicht entdeckt hast."

Markus dachte über die Worte des alten Mannes nach. Vielleicht hatte die Karte ihm nicht den Weg zu einem materiellen Schatz gezeigt, aber sie hatte ihn zu einem Ort geführt, an dem er etwas viel Wichtigeres finden konnte: Frieden und Erfüllung.

Mit einem neuen Verständnis betrachtete Markus die Karte erneut. Diesmal sah er nicht nach einem X, das den Ort des Schatzes markierte, sondern nach den Linien und Mustern, die die Landschaft um ihn herum bildeten.

Und plötzlich sah er es: Die Karte zeigte nicht nur den Weg zu diesem Tal, sondern auch die Form der Berge, die Richtung der Flüsse und die Lage der Wälder. Es war, als ob die Karte die Seele der Landschaft selbst einfing, ihre Geheimnisse und ihre Schönheit.

Mit einem Lächeln im Gesicht stand Markus auf und reichte dem alten Mann die Karte. "Vielleicht brauchst du sie mehr als ich", sagte er. "Vielleicht kannst du mehr von ihrem Geheimnis entdecken als ich."

Der alte Mann nahm die Karte dankbar an und nickte. "Danke, mein Sohn. Ich werde sie ehren und weitergeben, damit auch andere die Wunder dieser Welt entdecken können."

Markus verabschiedete sich vom alten Mann und kehrte in sein Dorf zurück. Obwohl er keinen materiellen Schatz gefunden hatte, fühlte er sich reich an Erfahrungen und Erkenntnissen.

Und während er durch die Berge wanderte, sah er die Welt mit neuen Augen – die Augen eines Mannes, der gelernt hatte, dass der größte Schatz nicht in Gold oder Juwelen liegt, sondern in der Schönheit und der Magie der Natur.

The Lost Map

In a small village deep in the mountains lived a man named Markus. He was a simple lumberjack who spent his life cutting down trees and collecting wood. One day, while he was working in the forests, he stumbled upon something unexpected: an old, yellowed map.

The map was in a state of disarray, with tears and stains, but Markus could still make out the rough outlines. It showed a path through the mountains to a hidden valley that Markus had never heard of before.

His heart pounded with excitement as he examined the map more closely. Perhaps there was a treasure or a lost secret hidden in this valley. Markus decided to leave the village and explore the valley on his own.

With the map as his guide, Markus set out through the wild and untouched forests. He hiked over rocky paths and through dense undergrowth, deeper into the mountains.

After many hours of walking, Markus finally reached the hidden valley. It was a place of breathtaking beauty, with green meadows, clear streams, and majestic mountains touching the sky.

But something was wrong. Although the map had shown him the way here, Markus could find no clue to a treasure or a secret. Disappointed, he sat down on a rock and pondered what to do next.

Suddenly, he heard a noise behind him. He turned around and saw an old man emerging from the forest. The man wore tattered clothing and had a tired but friendly look in his eyes.

"What brings you to this valley, my son?" asked the old man in a deep, rough voice.

Markus showed him the map and explained his search for a treasure or a secret. The old man smiled and said, "There is no treasure here, but this valley holds the greatest wealth of all: the beauty of nature and the peace of the mountains."

Markus was confused. He had hoped to find something valuable, but now his search seemed to have been in vain. He looked at the tattered map in his hands and sighed.

The old man saw this and said, "But perhaps the map is not as useless as it seems. It has led you here, hasn't it? Perhaps it has another purpose that you have not yet discovered."

Markus thought about the old man's words. Perhaps the map hadn't shown him the way to a material treasure, but it had led him to a place where he could find something much more important: peace and fulfillment.

With a new understanding, Markus looked at the map again. This time, he didn't look for an X marking the location of the treasure, but for the lines and patterns that formed the landscape around him.

And suddenly, he saw it: The map didn't just show the way to this valley, but also the shape of the mountains, the direction of the rivers, and the location of the forests. It was as if the map captured the soul of the landscape itself, its secrets and its beauty.

With a smile on his face, Markus stood up and handed the map to the old man. "Perhaps you need it more than I do," he said. "Perhaps you can discover more of its secrets than I can."

The old man took the map gratefully and nodded. "Thank you, my son. I will honor it and pass it on so that others may discover the wonders of this world."

Markus bid farewell to the old man and returned to his village. Although he hadn't found a material treasure, he felt rich in experiences and insights.

And as he hiked through the mountains, he saw the world with new eyes – the eyes of a man who had learned that the greatest treasure does not lie in gold or jewels, but in the beauty and magic of nature.

Der Frühling kommt

Es war ein kalter und dunkler Wintertag im kleinen Dorf von Tannenbach. Die Menschen hatten dicke Jacken an und ihre Nasen waren rot vor Kälte. Die Bäume hatten keine Blätter mehr, und der Schnee bedeckte die Felder und Häuser.

Die Kinder spielten draußen im Schnee und bauten Schneemänner. Sie lachten und tollten herum, aber ihre Finger und Zehen waren eiskalt.

In einem kleinen Haus am Rand des Dorfes wohnte eine alte Frau namens Frau Müller. Sie saß am Fenster und schaute traurig nach draußen. Sie mochte den Winter nicht, denn er erinnerte sie an vergangene Zeiten, die nicht mehr zurückkehren würden.

Plötzlich hörte Frau Müller ein leises Zwitschern draußen. Sie schaute aus dem Fenster und konnte es kaum glauben: Ein kleiner Vogel saß auf dem Fensterbrett und sang fröhlich vor sich hin.

Frau Müller lächelte und öffnete das Fenster. "Hallo kleiner Freund", sagte sie freundlich. "Bist du auch froh, dass der Winter vorbei ist?"

Der kleine Vogel zwitscherte fröhlich und flog dann davon. Frau Müller lächelte und spürte plötzlich eine warme Hoffnung in ihrem Herzen.

Am nächsten Tag begann der Schnee zu schmelzen, und die Sonne schien wieder am Himmel. Die Menschen im Dorf waren erfreut und begannen, ihre warmen Jacken auszuziehen.

Frau Müller ging in ihren Garten und sah, wie die ersten Frühlingsblumen aus dem Boden sprießten. Sie lächelte und begann, die Erde umzugraben, um Platz für neue Pflanzen zu machen.

Die Kinder im Dorf spielten nun nicht mehr im Schnee, sondern rannten durch die grünen Wiesen und sammelten Blumen. Sie lachten und freuten sich über den warmen Frühlingstag.

Frau Müller genoss die frische Luft und das Zwitschern der Vögel über sich. Die Bäume waren noch kahl, aber Frau Müller wusste, dass bald ihre grünen Blätter zurückkehren würden.

Plötzlich hörte sie ein leises Rascheln im Gebüsch. Sie blieb stehen und sah sich um. Und dann sah sie ihn: Ein kleiner Hase hüpfte durch das Unterholz und schaute sie neugierig an.

Frau Müller lächelte und beobachtete den Hasen eine Weile, bevor sie weiterging. Sie fühlte sich lebendig und glücklich und wusste, dass der Frühling endlich gekommen war.

Als Frau Müller am Abend nach Hause kam, sah sie, dass ihr Garten voller Leben war. Die Blumen blühten in allen Farben des Regenbogens, und die Vögel sangen fröhlich in den Bäumen.

Sie setzte sich auf die Veranda und genoss den Anblick. Der Winter war vorbei, und der Frühling hatte Einzug gehalten ins Dorf von Tannenbach.

Spring is Coming

It was a cold and dark winter day in the small village of Tannenbach. People wore thick jackets, and their noses were red from the cold. The trees had lost their leaves, and the snow covered the fields and houses.

The children played outside in the snow, building snowmen. They laughed and frolicked around, but their fingers and toes were freezing.

In a small house on the edge of the village lived an old woman named Mrs. Müller. She sat by the window, looking sadly outside. She didn't like winter because it reminded her of past times that wouldn't return.

Suddenly, Mrs. Müller heard a faint chirping outside. She looked out the window and could hardly believe it: a little bird sat on the windowsill, singing happily.

Mrs. Müller smiled and opened the window. "Hello, little friend," she said kindly. "Are you happy that winter is over too?"

The little bird chirped happily and then flew away. Mrs. Müller smiled and suddenly felt a warm hope in her heart.

The next day, the snow began to melt, and the sun shone again in the sky. The people in the village were delighted and started taking off their warm jackets.

Mrs. Müller went into her garden and saw the first spring flowers sprouting from the ground. She smiled and began to dig the soil to make room for new plants.

The children in the village no longer played in the snow but ran through the green meadows, picking flowers. They laughed and enjoyed the warm spring day.

Mrs. Müller enjoyed the fresh air and the chirping of the birds above her. The trees were still bare, but Mrs. Müller knew that soon their green leaves would return.

Suddenly, she heard a faint rustling in the bushes. She stopped and looked around. And then she saw him: a little rabbit hopping through the underbrush, looking at her curiously.

Mrs. Müller smiled and watched the rabbit for a while before continuing on her way. She felt alive and happy, knowing that spring had finally arrived.

When Mrs. Müller returned home in the evening, she saw that her garden was full of life. The flowers bloomed in all the colors of the rainbow, and the birds sang happily in the trees.

She sat on the porch and enjoyed the sight. Winter was over, and spring had come to the village of Tannenbach.

www.ingramcontent.com/pod-product-compliance
Lightning Source LLC
Chambersburg PA
CBHW050812160726

48004CB00002B/810